ARQUITETURA AVENTURA

Copyright © 2007 do texto: Katia Canton
Copyright © 2007 da edição: Editora DCL – Difusão Cultural do Livro

EDITORA EXECUTIVA: Otacília de Freitas
EDITORAS RESPONSÁVEIS: Camile Mendrot
Pétula Lemos
PREPARAÇÃO DE TEXTO: Ana Paula Santos
REVISÃO DE PROVAS: Carmen Costa
Flávia Brandão
Renata Palermo
Rinaldo Mieli
CAPA E DIAGRAMAÇÃO: 13 comunicação
PESQUISA ICONOGRÁFICA: Mônica de Souza
FOTOS DAS CRIANÇAS: Katia Canton

**Texto em conformidade com as novas regras
ortográficas do Acordo da Língua Portuguesa.**

Dados Internacionais de Catalogação na Publicação (CIP)
(Câmara Brasileira do Livro, SP, Brasil)

Canton, Katia
Arquitetura aventura / Katia Canton ; [fotos da autora]. —
São Paulo : DCL, 2007. – (Coleção arte aventura)

ISBN 978-85-368-0291-6

1. Arquitetura – História 2. Arquitetura – Literatura infantojuvenil
I. Título. II. Série.

07-4273   CDD – 028.5

Índices para catálogo sistemático:

1. Arquitetura : História : Literatura infantojuvenil   028.5

1ª edição • julho • 2007
2ª reimpressão • março • 2010

Editora DCL – Difusão Cultural do Livro Ltda.
Rua Manuel Pinto de Carvalho, 80 – Bairro do Limão
CEP 02712-120 – São Paulo – SP
Tel.: (0xx11) 3932-5222
www.editoradcl.com.br
dcl@editoradcl.com.br

CRÉDITOS DAS IMAGENS

Acrópolis na Grécia. Toon Possemiers/ Istockphoto. (capa)

Fotografia da Exposição Universal de 1889 na Torre Eiffel, Paris. AGK-Images. (capa)

Mercado em Jemaa el Fna, Marrakesh, Marrocos. Iulia Ioana Apostol (huiduc)/ Dreamstime. (capa)

Pavilhão de Ludwig Mies van der Rohe, 1929. Francesco Venturi/ Corbis/ LatinStock. (capa)

Casa de árvore de crianças. Anne Clark/ Istockphoto. (p. 5)

Pintura Rupestre próximo de Moab, Utaih. Gelynafiell/ Dreamstime. (p. 6)

Pintura no teto da Capela Sistina, Vaticano. Sababantek/ Dreamstime. (p. 7)

Castelo Bodiam em East Sussex, Inglaterra. S. Greg Panosian/ Istockphoto. (p. 8)

Casinha de cachorro. Stephen Rees/ Istockphoto. (p. 8)

Entrada de iglu no Alasca, 2001. Luciana Whitaker/ Olhar Image. (p. 8)

João-de-barro no ninho em Poconé, MT, 04/2006. Palê Zuppani/ Pulsar Imagens. (p. 9)

Aldeia Toca da Raposa na rodovia Régis Bittencourt, SP, 05/04/1998. Marisa Cauduro/ Folha Imagem. (p. 9)

Pirâmides de Gizé próximo ao Cairo, Egito. André Kaassen/ Istockphoto. (p. 13)

Parthenon, na Grécia. Andrey Grinyov/ Dreamstime. (p. 15)

Coliseu em Roma, Itália. Hubert Coia/ Dreamstime. (p.18)

Corredores do Coliseu em Roma, Itália. Roger Pueyo Centelles/ Dreamstime. (p. 19)

Taj Mahal. Andrei Kazarov/ Dreamstime. (p. 21)

Mulher vendendo temperos no Marrocos. David Kay/ Dreamstime. (p. 23)

Interior de uma moradia japonesa. Atlantic/ Dreamstime. (p. 24)

Catedral de Notre-Dame. Jeremy Bruskotter/ Dreamstime. (p. 27)

Palácio de Versalhes. Alessandro Oliva/ Istockphoto. (p. 29)

Palácio de Cristal, gravura de c. 1850. Archivo Iconographico, S.A./ Corbis/ LatinStock. (p. 33)

Pôster da Exposição Universal de 1889, Paris. (p. 34)

Torre Eiffel em Paris. Ron Sumners/ Dreamstime. (p. 35)

Flatiron, prédio da rua 23, Broadway, Nova York, 1903. AKG-Images. (p. 36)

Casa Batló, de Gaudí. Dainis Derics/ Dreamstime. (p. 39)

Modelo do Monumento à III Internacional, ilustração do livro de Ivan Puni, Tatlin, 1921. Coleção particular/ The Bridgeman Art Library. (p. 43)

Prédio da Bauhaus. Vanni Archive/ Corbis/ LatinStock. (p. 45)

Cadeira vermelha-azul de Gerrit Rietveld, de 1918. Sotheby's / AKG-Images. (p. 46)

Pabello Mies van der Rohe, o pavilhão alemão da Exibição Internacional em Barcelona, 1929. Cordia Schlegelmilc/ AKG-Images. (p. 49)

Casa da fazenda Primavera, em Ilhéus, BA. Carol Frederico/Folha Imagem. (p. 50)

Desenho do projeto para o Memorial Luís Carlos Prestes, de Oscar Niemeyer, a ser construído na capital do estado de Tocantins, Palmas. (p. 53)

Monumento em homenagem aos Candangos na Praça dos Três Poderes, Brasília, DF, 04/1999. Juca Martins/ Olhar Imagem. (p. 57)

Praça dos Três Poderes, Brasília, DF, 09/1998. Delfim Martins/ Pulsar Imagens. (p. 57)

Museu de Arte de São Paulo, 06/2006. Delfim Martins/ Pulsar Imagens. (p. 59)

Selo mostrando o "Falling Water". Leonard da Selva/ Corbis/ LatinStock. (p. 60)

Vista do "Falling Water", de Frank Lloyd Wright, 1934. Richard A. Cooke/ Corbis/ LatinStock. (p. 60)

Museu Solomon R. Guggenheim em Nova Iorque, Estados Unidos. Roger Wood/Corbis/ Latinstock. (p. 62)

Prédio Foster em Londres, 2004. Schütze/ Rodemann/ AKG-Images. (p. 67)

CRÉDITOS DAS CRIANÇAS

Bruno Daniel, Clara Casnati, Fernando do Lago Souza e Silva, João Roberto Monteiro da Silva e Manuela Buk de Araújo.

Para o meu pai, Roberto Tross Monteiro;
para o pai do meu filho, Paulo Alves, e às crianças que participaram neste livro.

Uma homenagem a Oscar Niemeyer.

Katia Canton

ARQUITETURA AVENTURA

DCL
DIFUSÃO
CULTURAL
DO LIVRO

O QUE É ARQUITETURA?

Ela inclui nossa casa, escolas, hospitais, edifícios, moradias, enfim, tudo o que foi criado e construído para abrigar, proteger a vida e, de certa forma, comunicar.

Como tudo começou...

A arquitetura pode ser considerada a mãe de todas as artes, pois desde o começo ela abrigou várias formas de criação. Pinturas rupestres foram criadas para enfeitar as paredes das cavernas, que eram as "casas" dos

homens pré-históricos. Pinturas, desenhos e gravuras foram realizados para enriquecer paredes e tetos de casas e igrejas.

Por unir a busca estética às necessidades básicas de espaço para nossa existência, a arquitetura é considerada uma atividade completa.

Cada um faz arquitetura à sua maneira. Esquimós constroem iglus. Índios criam habitações nas florestas. Nobres necessitam de castelos e palácios. O joão--de-barro faz sua casa nas árvores com galhos e terra. Cães domésticos se sentem seguros em suas casinhas.

Meninas criam mundos miniaturizados em suas casas de boneca.

Crianças adoram erguer cabanas e brincar dentro delas.

Que tal construir uma cabana confortável para brincar com os amigos?

No EGITO...

Pirâmides foram construídas para proteger as tumbas dos faraós.

Os egípcios da Antiguidade acreditavam na vida após a morte, por isso mumificavam seus faraós. Embalsamavam os corpos enrolando-os em ataduras, desse modo, eles ficavam preservados no tempo. Colocavam então as múmias nas tumbas e enchiam-nas de objetos que pertenciam a esse faraó, para que ele pudesse ter tudo de que precisasse em sua próxima vida.

A primeira pirâmide da história data de 2780 a 2680 a.C. Milhares de homens trabalharam por muitos anos para construí-la — muitos perderam a vida carregando imensas pedras. Tal pirâmide foi erguida para abrigar a tumba do faraó Zoser, na cidade de Sakkara. Sua forma triangular foi escolhida porque, com sua base larga, garantia mais proteção à edificação. Além disso, eles acreditavam que uma construção que aponta para cima representa poderes transcendentais. Exprime a escalada espiritual do faraó em direção à vida eterna.

Outras formas na história...

Na Grécia Antiga, os templos obedeciam a regras matemáticas. Ao contrário da egípcia, a arquitetura grega antiga era totalmente racional e podia ser seguida por todos a partir de projetos submetidos a cálculos precisos.

A Acrópole, em Atenas, simboliza essa perfeição matemática, realizada com harmonia. O templo da deusa Atenas, protetora da cidade, foi feito em mármore branco e é o monumento mais famoso da Grécia. Trata-se de um edifício de medidas enormes: na fachada, há oito colunas. Nenhuma linha é totalmente reta, todas apresentam uma sutil curvatura, o que possibilita um alargamento de seus ângulos. Essa é uma característica muito estudada e representa o ideal da arquitetura daquele tempo e lugar.

Hoje sabemos o quanto a precisão nas medidas, de acordo com os espaços e os materiais escolhidos, torna-se importante para uma construção arquitetônica segura e eficiente.

Vamos praticar: que tal pegar uma trena e medir móveis e objetos da sua casa?

O grande símbolo da arquitetura do Império Romano é o Coliseu. Inaugurado no ano 80 a.C., foi construído onde antes ficava um lago, na Roma Antiga, para ser usado como um enorme anfiteatro, feito para eventos políticos, comemorações e até estranhas formas de entretenimento, em que pessoas assistiam a lutas entre gladiadores e desfiles e brigas de animais.

Feito com pedras, com um sistema de escadas e andares que se repete ainda hoje nos estádios, o Coliseu abrigava diferentes classes sociais, separadas em diferentes andares.

UM POUCO DO
ORIENTE...

Se pensarmos num país como a Índia, é inevitável imaginarmos a arquitetura do Taj Mahal, considerado uma das maiores maravilhas do mundo. Erguido entre 1630 e 1652, na pequena cidade de Puna, o monumento foi construído com a força de 22 mil homens. Feito em mármore branco, incrustado com pedras preciosas, ele foi criado como uma prova de amor pelo imperador Shah Jahan, em memória de sua esposa favorita, Mumtaz Mahal, que morrera ao dar à luz o seu 14º filho.

As cidades árabes têm como grande marca da arquitetura seus incríveis mercados, que apresentam uma grande variedade de mercadorias, como roupas e especiarias. Há toda uma magia de cores, cheiros e sons que existe apenas ali, além de uma forma labiríntica. Ao entrar no mercado, você é guiado e seduzido pelos sentidos — a rica visualidade, os cheiros das especiarias, os sons — e, se não prestar bastante atenção, pode se perder em meio às ruelas.

Já a arquitetura tradicional japonesa é marcada por uma delicadeza e um refinamento sem precedentes. É clara, simples, livre de excessos. Veja essa casa. Você não acha que ela transmite paz? Quietude? As pessoas se sentam em tatames para tomar chá e devem falar baixo, pois as portas de correr são feitas de uma espécie de papel de arroz.

A ERA MEDIEVAL...

A Era Medieval, que no Ocidente é datada entre os séculos V e XV, é vista como a era dos castelos e das fortificações. Na verdade, os primeiros castelos medievais foram erguidos na Europa no século IX, construídos com terra, madeira e pedras para reforçar as moradias contra possíveis ataques e invasões. Muitas vezes, os castelos eram protegidos por muralhas cercadas por fossos alagados.

A partir dos séculos XI e XII, surge o estilo gótico dentro da Era Medieval. A Catedral de Notre-Dame, construída em 1163, em Paris, em homenagem a Maria, mãe de Jesus Cristo, é uma das mais famosas do mundo. Construída muito alta, simbolizando uma ligação direta da Terra com o Céu, a igreja tem a planta em forma de cruz.

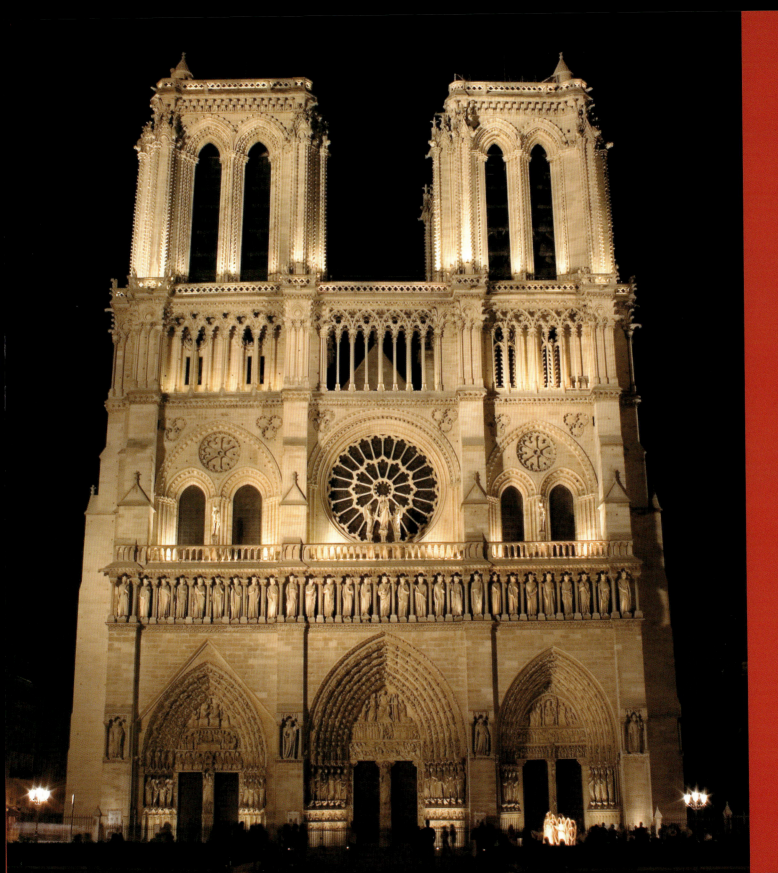

RENASCIMENTO E BARROCO...

No Renascimento, período posterior à Era Medieval, inicia-se uma preocupação centrada no ser humano, suas descobertas e criações artísticas. Nesse momento, a arte e a arquitetura buscam harmonia e proporções, uma escala mais humana e racional.

O Barroco, movimento iniciado na segunda metade do século XVI que durou aproximadamente até 1760, busca criar formas dramáticas, ondulantes e opulentas, procurando unir a espiritualidade e a fé religiosa, trazidas da Idade Média, com a racionalidade renascentista.

Dentro desse estilo e atitude, o Palácio de Versalhes, na França, construído em 1669 a pedido de Luís XIV, o Rei Sol, é um dos mais conhecidos e admirados projetos de arquitetura barroca do mundo. Ele é enorme, com muitos e muitos quartos, e tem pilastras e entalhes dourados. Para completar, seu belo jardim, criado por Le Nôtre, é ornamentado por esculturas e fontes.

NOVOS MATERIAIS, NOVAS CONSTRUÇÕES

A Revolução Industrial, que se inicia na Inglaterra ainda no século XVIII, traz para o mundo ocidental incríveis inovações tecnológicas, como, por exemplo, a máquina a vapor. Já no século XIX, essa revolução repercute em toda a Europa e produz intensos processos de urbanização, com invenções e mudanças incessantes.

Com a indústria, novos materiais são usados na concepção de um projeto arquitetônico, como, por exemplo, o ferro e o vidro.

Justamente na capital inglesa, Londres, em 1851, Joseph Paxton construiu um palácio de cristal com um milhão de pedaços de vidro, numa incrível demonstração da modernidade da engenharia humana. Quem coordenou a obra foi o príncipe Albert, consorte da rainha Vitória, que esperava exibir o belo palácio como um símbolo da exuberância do império britânico na Exposição Mundial daquele ano. O palácio, erguido inicialmente no Hyde Park e transferido depois para Sydeham Hill, foi destruído por um incêndio em 1936.

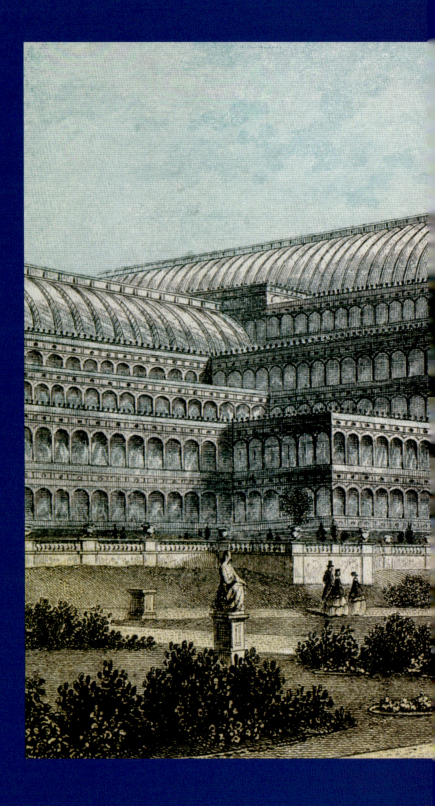

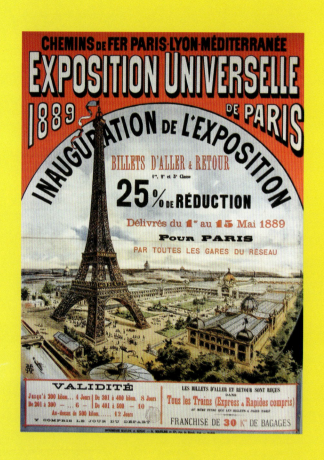

A França, que também havia se modernizado muito com a industrialização e a urbanização, não quis ficar atrás da Inglaterra. Na Exposição Universal de 1889, encomendou ao engenheiro-arquiteto Gustave Eiffel uma torre de 317 metros de altura, feita com 7.300 toneladas de ferro. Ela continua no mesmo lugar, em Paris, e tornou-se o grande cartão-postal da cidade.

Na cidade de Nova York, nos Estados Unidos, uma nova modernidade se estabelecia no início do século XX. Já em 1902, a cidade viu ser erguido um edifício engraçado, na forma de ferro de passar roupa, numa esquina de Manhattan. Por causa de seu formato, o prédio ganhou o apelido de *Flatiron* (ferro de passar). Criado pelos arquitetos Daniel Burham e John Wellborn Root, ele era na época de sua construção um dos mais altos prédios do mundo e um dos primeiros a ser edificado a partir de um esqueleto de alumínio.

É muito difícil definir o jeito singular de o arquiteto espanhol Antoni Gaudí (1852-1926) fazer arquitetura. Uma de suas frases mais lembradas diz: "A linha reta é do homem, mas a linha curva é de Deus".

Formas curvas e orgânicas baseadas nos elementos da natureza, cores misturadas a cacos de pastilhas e pedras. É dessa forma que Gaudí compõe uma beleza exuberante e estranha. Na Casa Batló, comprada por Joseph Batló em 1900 e reformada por Gaudí, toda essa mistura e beleza continuam presentes em uma das ruas centrais de Barcelona.

Gaudí também é o autor da famosa igreja Sagrada Família, que vista de fora parece ser um castelo feito com pingos de areia molhada acumulados. O projeto é tão detalhado e complexo que até hoje não foi terminado.

Novos materiais surgem a cada momento. É preciso pesquisar maneiras de combiná-los na construção de formas interessantes, seguras e funcionais.

Você pode praticar seus projetos arquitetônicos usando materiais como jogos de madeira, pedras, tijolos. Use sua imaginação e crie o modelo para a casa dos seus sonhos.

MODERNISMO E GEOMETRIA

Vladmir Tatlin, artista e arquiteto nascido em 1885, na Rússia (hoje Ucrânia), foi um dos maiores incentivadores do movimento construtivo russo, que, no início do século XX, buscou modernizar a arte, o design, a moda e a mídia, para que tudo fosse mais sintético, geometrizado, organizado. Encantado pela tecnologia, Tatlin apresentou em 1920 o projeto de uma escultura-edifício feita na forma de espiral, de aço, circundada por um cone e um cilindro de vidro, que seriam rotativos e poderiam alojar salões e escritórios. A maquete do Monumento à III Internacional é um de seus projetos mais admirados, mas infelizmente ela nunca pôde ser erguida de fato.

O arquiteto alemão Walter Gropius (1883-1969) foi o fundador da escola da Bauhaus, o grande ícone modernista. A Bauhaus foi uma grande escola que juntou pensadores e artistas como Wassily Kandinsky, Paul Klee, Mies van der Rohe, entre outros nomes que são referência na história da cultura ocidental. Aliás, mais do que apenas uma escola, a Bauhaus propôs uma nova maneira de construir e de criar que deveria ser racional e inovadora — "a forma deve seguir a função", dizia seu diretor, Walter Gropius. Ele construiu sua sede, em 1925, na cidade de Dessau, partindo dessa mesma ideia de racionalidade.

Também no início do século XX, na Holanda, um grupo de artistas e arquitetos fundou o movimento do Neoplasticismo em holandês. Seus representantes foram Piet Mondrian, Van Doesburg, Gerrit Thomas Rietveld e Haus Schoder, entre outros. O movimento também se organizava em torno da necessidade de clareza, certeza e ordem. Os neoplasticistas buscavam as linhas retas, a economia de cores — apenas o preto e o branco e as cores primárias: vermelho, amarelo e azul. Rietveld fez uma cadeira que se tornou um dos símbolos do mobiliário neoplasticista.

Mies van der Rohe, arquiteto alemão, radicalizou os conceitos de linearidade e economia impostos pelo modernismo. Ele ficou conhecido como o arquiteto das caixas de concreto e vidro. O pavilhão alemão, criado para a Exposição Universal em Barcelona, em 1929, é um dos exemplos dessa arquitetura racional.

No BRASIL

Uma de nossas marcas arquitetônicas singulares vem da arquitetura rural, das casas de fazenda e de beira de estrada. Essas casas eram originalmente feitas de taipa (paredes feitas com barro e estuque de madeira) ou adobe (tijolos de barro secados ao sol). Somente no final do século XIX as casas começaram a ser construídas de alvenaria, com tijolos cozidos em olarias e telhas de barro. Arejadas, com janelas e varandas, as casas rurais são caiadas. Algumas vezes, a cal branca é misturada a pigmentos de cor, produzindo tom pastel de verde, rosa, amarelo e azul.

Em contraste, o Brasil é conhecido mundialmente pela excelência de sua arquitetura moderna, que começou a tomar corpo nos anos 1930.

Nomes como Lúcio Costa, Vilanova Artigas, Rino Levi, Lina Bo Bardi, Oscar Niemeyer, Affonso Eduardo Reidy, João Filgueiras Lima, Paulo Mendes da Rocha, entre tantos outros, são referência internacional do modernismo na arquitetura brasileira.

Em 1934, o então jovem arquiteto Oscar Niemeyer, nascido no Rio de Janeiro em 15 de dezembro de 1907, oferece-se para trabalhar como assistente no escritório de Lúcio Costa e Carlos Leão e, a partir daí, participa da criação de vários projetos, como o edifício Gustavo Capanema, antigo prédio do Ministério da Educação e da Saúde, no centro do Rio de Janeiro, até hoje um dos marcos da arquitetura brasileira, o conjunto da Pampulha, em Belo Horizonte, e o edifício Copan, em São Paulo, entre outros.

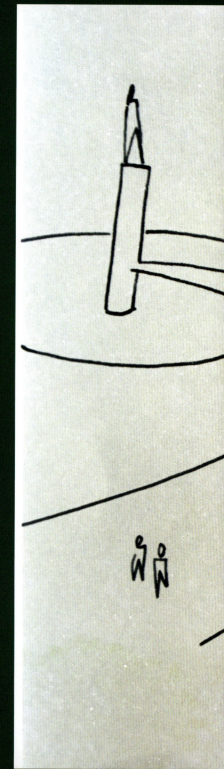

Em 1956, o presidente Juscelino Kubitschek convida Niemeyer para coordenar a construção do que seria a nova capital brasileira: Brasília. Um concurso feito para eleger o plano geral da cidade é vencido por seu ex-chefe e amigo Lúcio Costa, que propõe a Brasília a forma urbanística de um avião.

Niemeyer desenha seus edifícios de concreto curvilíneo, com formas dramáticas e esculturais, as estruturas arejadas com espaços de passagem criados por pilotis (colunas que sustentam o prédio, deixando área livre de circulação no térreo) e uma integração do concreto e do vidro com o verde da paisagem.

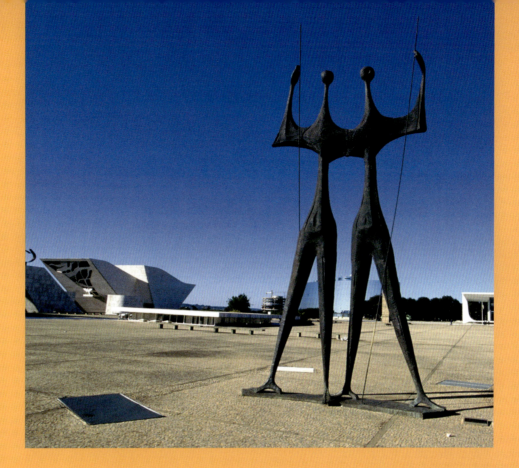

Se você ainda não conhece Brasília, preste atenção nas belas formas dos edifícios, como o Palácio da Alvorada, residência do presidente, o Congresso Nacional, com a Câmara dos Deputados e o Senado, a Catedral, o prédio dos Ministérios e o Palácio do Planalto.

Com Oscar Niemeyer o concreto aprendeu a ganhar vida, pulsão, movimento, humanidade. Diz o arquiteto: "a arquitetura não tem importância; a vida é que tem".

A italiana Lina Bo Bardi (1914-1992) foi uma das primeiras mulheres a criar uma obra moderna no Brasil. Na verdade, Lina foi muito mais do que uma arquiteta. Ao chegar ao Brasil em 1946, ela se apaixonou pela cultura e pela arte popular do país e se tornou gradativamente uma das maiores porta-vozes desse tipo de expressão, criando também projetos na área de artes visuais, cinema, teatro e dança.

O Masp (Museu de Arte de São Paulo Assis Chateaubriand) foi idealizado por ela e construído em 1958. O museu foi pensado em dois blocos: um subterrâneo e um elevado, este último apoiado em quatro pilares de concreto.

Entre os dois blocos, estende-se o maior vão livre do mundo, na época demonstrando a tecnologia do concreto. O Masp é um dos principais cartões-postais da cidade de São Paulo.

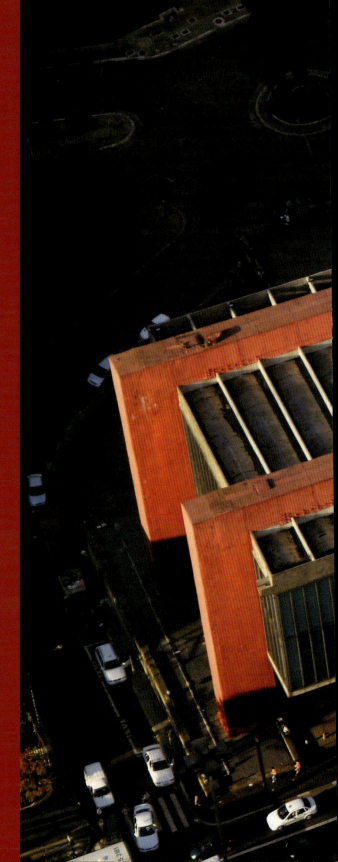

FORMAS ESCULTURAIS E NOVOS DESAFIOS

O arquiteto norte-americano Frank Lloyd Wright (1867-1959) é um dos maiores nomes da arquitetura, buscando formas originais e materiais que se adequassem ao contexto de suas construções.

Foi responsável pela construção da Casa da Cascata, também conhecida como Casa Kaufmann, nome de seu proprietário. Trata-se da casa modernista mais famosa do mundo. Construída na área de um bosque, em Pittsburg, no estado da Pensilvânia, EUA, em 1936, a casa foi erguida sobre pedras e uma pequena queda d'água foi incorporada à construção.

Tudo isso sem falar no incrível Museu Guggenheim de Nova York, também idealizado por Wright, que começou a ser construído em 1956 e só foi finalizado em 1959, após sua morte. O museu tomou a forma de uma espiral, onde as obras de arte são colocadas no caminho da própria rampa, usada para subir e descer por ele.

Outro Museu Guggenheim fascinante é o de Bilbao, na Espanha. Esse edifício é um dos mais conhecidos do arquiteto contemporâneo americano Frank Ghery. Sua obra é considerada desconstrutiva, porque utiliza uma fragmentação de formas, um jogo de linhas e perspectivas que causam a sensação de quebra de espaço, de formas refeitas, labirínticas. É como se a arquitetura espelhasse os desequilíbrios do mundo contemporâneo. Tem gente que sente até vertigem ao entrar nesse museu.

Já o arquiteto inglês sir Norman Foster, nascido em Manchester, em 1935, recebeu o título de doutor *honoris causa* da Royal College of Art de Londres pelo importante conjunto de sua obra. Um de seus edifícios mais comentados é o Foster Building, um prédio moderníssimo em Londres, localizado num bairro antigo da cidade. O prédio tem 180 metros de altura, 41 andares e uma fachada de vidro em espiral, o que garante um sistema de ventilação perfeito. E o que mais? Ele foi apelidado de "Pepino", graças a sua forma bem incomum.

A arquitetura contemporânea quer recriar as formas das cidades, dando mais movimento, vida e personalidade para cada espaço. Você tem alguma ideia para novas construções? Já pensou em como faria seus próprios projetos?

O que você construiria em sua cidade para que ela ficasse mais confortável?

De fato, a arquitetura é uma grande aventura que pode ser vivida com vários materiais, várias formas e vários tamanhos. É só inventar.

Sou doutora em Artes e Literatura pela Universidade de Nova York e atuo como professora nessa área, na Universidade de São Paulo (USP). Como curadora, organizo muitas exposições de arte. Agora, uma das coisas que eu mais gosto de fazer são os livros para crianças e jovens, atividade que tem me proporcionado muitas descobertas e prêmios literários. Você pode conferir minha produção no *site*: www.katiacanton.com.br.

A série ARTE AVENTURA, que além do Arquitetura Aventura conta com o Escultura Aventura e o Pintura Aventura, é particularmente instigante para mim. Entremeando a história e os exemplos dessas formas de arte, cada um dos livros contém uma interação do tema com um grupo de crianças incríveis.

Experimentando, fazendo junto, questionando e brincando, são as crianças que dão vida aos livros. São elas que se aventuram. Espero que você faça o mesmo. Boa leitura, boa aventura!

Katia Canton